जीले पल पल इस कदर खुद को पहचान कर

विकाश कुमार

समर्पण और कृतज्ञता

मेरी पहली कविता संग्रह की किताब "जी ले पल-पल इस कदर खुद को पहचान कर" मैं अपने माता-पिता और सासू माँ को समर्पित करता हूँ जिनका भौतिक रूप अब इस दुनिया में नहीं है।

साथ ही साथ उन सभी परिस्थितियों को, व्यक्तियों को, मित्रों को, परिवार के सदस्यों को समर्पित करता हूँ जिनके सानिध्य में होने से अपनी कविताओं को किताब के रूप में प्रकाशित करने के लिए मैं खुद को प्रेरित कर पाया।

मैं खुद को जान पाया कि मेरे मन में छुपी हुई रचनात्मक विचारों की ऊर्जा को मैं शब्दों और वाक्यों के माध्यम से व्यक्त नहीं कर पाया होता अगर उन्होंने मुझे प्रेरित नहीं किए होता। अगर वो मेरे लिए परिस्थितियां निर्माण नहीं किए होते तो शायद में अपने मन को गहराई से नहीं देख पाता और मन की गहराई में जो विचार निर्माण हो रहे थे उसको मैं लिख नहीं पाता।

मेरे दोनों बच्चे, विसुयश और मानवि ने अपना गुल्लक (अखमुंदा) का पैसा किताब के प्रकाशन के लिए दे कर मुझे प्रेरित किया। मेरी पत्नी के उत्साह और प्रेरणा से यह कविता संग्रह लिखने में काफी सहयोग मिला।

इन्हीं सब भावनाओं के साथ अपनी कृतज्ञता व्यक्त करते हुए कविता संग्रह «जी ले पल-पल इस कदर खुद को पहचान कर» समर्पित करता हूँ।

मैत्री के साथ

विकाश कुमार

CONTENTS

Contents

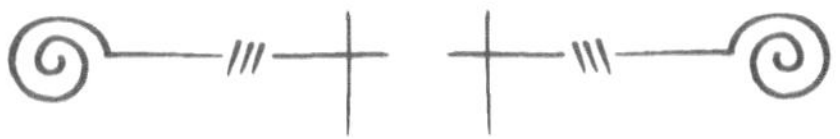

१

अपनी जिंदगी की शिल्पकार हो गई।

कितना सुखद है टूटना दिल मेरा उससे...

जिसने वादा किया था छोड़ूंगा ना तुझे कभी

तोड़ूँगा ना दिल तेरा।

तुमने तोड़ कर दिल मेरा शायद सोचा,

कि मैं टूट कर बिखर जाऊंगी।

मैं जीना सीख ली हूँ चमकते टूटे तारों जैसी,

रौशनी बनकर खुले आसमान में निखर जाऊंगी।

हां तुमने सही सोचा, मैं बिखर गई हूँ उस ओस की बूंदों जैसी,

जिस पर सूरज की पहली किरण गिर कर एक नई चमक
बनती है।

तुमने कभी नहीं सिखाया मुझे मुहब्बत में
कि बिखर कर जिया कैसे जाता है?
बस तुमने सिखाया मुझे नादानी में
कि सिगरेट के साथ जाम पिया कैसे जाता है?
मैं शुक्रगुजार हूँ उस शाम का,
अदा करती हूँ शुक्रिया अंतिम उस जाम का।
जिसमें शराब नहीं पानी था।
जो बिताएं हैं लम्हे हमने तुम्हारे साथ,
भूल जाऊँगी यह समझकर कि वो हकीकत नहीं एक
कहानी था।

तुमने तोड़ कर दिल मेरा शायद
सोचा कि मैं टूट कर बिखर जाऊंगी।

मैं भी जिद्दी हूँ, जी लूंगी जिंदगी और
चमक कर टूटे तारों जैसी निखर जाऊंगी।

तुमने तोड़ कर दिल मेरा शायद सोचा कि अब मेरी जिंदगी
बेकार हो गई,
मैं खुशनसीब हूँ कि बिछड़ कर तुमसे, अपनी जिंदगी की
शिल्पकार हो गई।

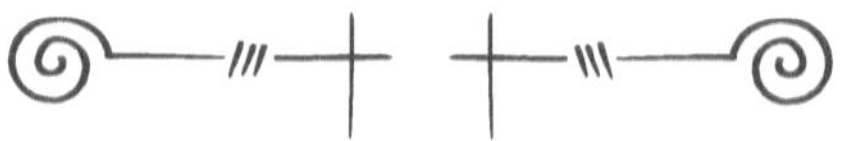

2

वक्त निकलता गया।

वक्त निकलता गया,

उम्र ढलती गई,

और हम यह सोचते गए कि,

जिंदगी में वह मुकाम आएगा

जब हम जिंदगी की खुशियां मनाएंगे!

यह बात सोचते-सोचते

मन को आदत सी लग गई।

एक दिन वह मुकाम आ ही गया

जब वक्त ने मुझसे पूछा,

क्या तुम्हें और वक्त चाहिए?

जिंदगी को जीने के लिए।

जब तक मैं यह बात समझ पाता,

तब तक वक्त आगे निकल चुका था।

जब देखता हूँ खुद की

पुरानी तस्वीरों को टंगे दीवार पर,

उस वक्त खुद से पूछता हूँ,

क्या वक्त बदल गया है?

या हम बदल गए हैं?

वक्त निकलता गया, उम्र ढलती गई, और हम यह सोचते गए
कि जिंदगी में वह मुकाम आएगा

जब हम जिंदगी की खुशियां पाएँगे, हंसते-हंसते यह सफर
सवारेंगे, कठिनाइयों को पार कर जाएँगे, और खुद को नए रंगों
में सजाएँगे।

हर दिन एक नया सवेरा होगा, सपनों का पीछा कभी न होगा,
जिंदगी के रंग के हर रंग खिलेंगे।

व्यक्त के साथ हम फिर मिलेंगे।

वक्त निकलता गया उम्र ढलती गई और हम यह सोचते
गए कि,

जिंदगी में वह मुकाम आएगा

जब हम जिंदगी की खुशियां मनाएंगे।

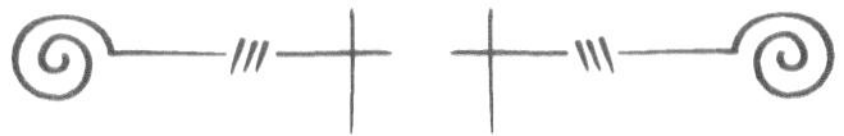

3

सोंधा माटी के सुंगध...

सोंधा माटी के सुगंध

खूब आवेला,

हमर भारत के

भूमिआ बुलावे ला।

सावन जब बरसे शुरुआती,

मनवा खूब लुभावे ला।

सोंधा माटी के सुगंध खूब आवेला...

रह भईया दुबई

चाहे रह जापान हो,

न भूलिह अपन माटी
न भूलिह देशवा जहांन हो।

सावन के झुरूआ
हमार मनवा खूब झुरावे ला,

माटी के सुगन्ध सोंधा
आवेला।

रहके परदेश में मनवा
गांव के गनवा गावेला

माटी के सुगंध सोंधा
आवेला।

हमर भारत के
भूमिआ बुलावेला।

४

जिद्दी बनो जमाने से लड़ना सीख लो...

जिद्दी बनो जमाने से लड़ना सीख लो,

जो आया है अवसर उसे आगे से पकड़ना सीख लो,

वक्त ना आएगा जिसका तुम्हें इंतजार है,

हालात तो बहुत आएंगे तुम्हें हिलाने के लिए,

उसका सामना करो और उससे झगड़ना सीख लो।

बदल दो हालात जो आज है तुम्हारी,

उसे सामना करो और झगड़ना सीख लो

जिद्दी बनो, अपने सपनों के लिए,

अपनी मंजिल के लिए,

अपने लक्ष्यों के लिए,

और जमाने से लड़ना सीख लो,

उसकी कठोरता को तोड़ना सीख लो,

और उसे अपने वश में करना सीख लो।

जो अवसर आया है,

उसके लिए तैयार रहो,

और उसे आगे से पकड़ना सीख लो,

उसके पीछे मत भागो,

क्योंकि वह तुम्हारा इंतजार नहीं करेगा,

और अगर तुमने उसे खो दिया तो,

फिर पछताओगे।

वक्त ना आएगा जिसका तुम्हें इंतजार है,

इसलिए खुद ही वक्त बनाना सीख लो,

और अपने सपनों को पूरा करना सीख लो,

क्योंकि अगर तुमने इंतजार किया तो,

वक्त तुम्हारे सपनों को मार देगा,

और तुम अपनी मंजिल से दूर हो जाओगे।

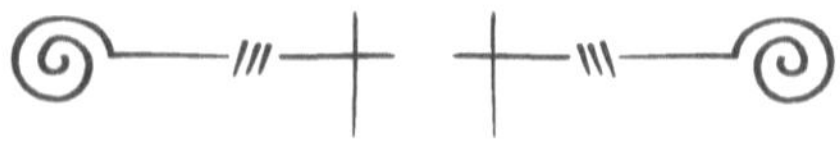

5

मन को अपना मन में तेरे कैसे समाऊँ...

मन को अपना मन में तेरे कैसे समाऊँ?

यारा कैसे बताऊँ, कि बस तुम ही है,

तुम ही है

यारा तुम ही तुम है,

मन में मेरे।

मन मेरा खोजे तुझको यारा,

जैसे खोजे भंवरा

उड़ता फिरता रस की धारा।

मैंने बोला हवा से उसकी यादें लेकर आना,

तन्हा नदी के तीर हूँ बैठे, संदेशा पहुंचाना।

उड़ते बादल से बोला मैं,

अपनी बूँद से उसे भिगाना।

झरनों से बोल मैं,

अपनी धुन उसे सुनाना।

उड़ते तितली से बोला मैं,

मन को उसे लुभाना।

मन को अपना मन में तेरे कैसे समाऊँ?

यारा कैसे बताऊँ कि बस तुम ही है मेरे मन में।

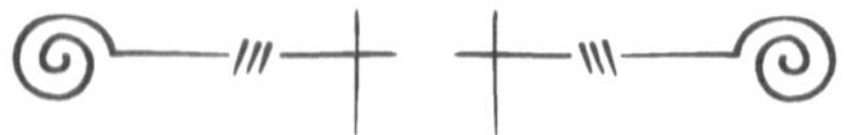

6

बंद आँखों से तुझे मैं देख लेता हूँ...

मैं अपनी बंद आँखों से,

तुझे मैं देख लेता हूँ।

तू है दूर मुझसे फिर भी,

तुझे महसूस करता हूँ।

नादान शोखियां तेरी,

अभी भी याद आती है,

तू है शायद कहीं तन्हा,

दिल की आवाज आती है।

फूल की महक बन दिल में,

मेरे तू तो समाई थी।

जब तुम्हें छोड़कर ही जाना था,

तो निगाहें क्यों मिलाई थी?

मैं अपनी बंद आँखों से,

तुझे मैं देख लेता हूँ।

तेरे जाने का गम जब भी सताता,

वो लम्हे याद करके,

मैं आँखें सेक लेता हूँ।

तेरी याद में मीलों चलकर,

अब तो पांव भी ना थकता।

टूट गई बंधी हाथ की डोरी,

मैं अब ताबीज भी ना रखता।

करके बंद आँखें मैं तुझे महसूस करता हूँ,

वो लम्हे याद कर पल-पल मैं दिल को खुश करता हूँ।

तेरी कलम की स्याही अब भी,

कुछ फरमान लिखती है।

तू पल-पल खुश रहना जीना जिंदगी,

वह अरमान लिखती है।

7

हम हंबतन हैं...

मुझे मेरी जिंदगी ने मुझसे पूछा,
तुम मुझे कैसे जीना चाहते हो?

मैंने अपनी जिंदगी से कहा,
मैं तूफान में भी जीना चाहता हूँ
खुले आसमान में भी जीना चाहता हूँ,

मैं चाहता हूँ जीना अमन चैन से अपनी सरहद में,
और मुक्त हवा के साथ अपना जहां में जीना चाहता हूँ।
मेरी जिंदगी ने फिर मुझसे पूछा,

कैसा वतन, कैसा जहां, कैसा खुला आसमान होगा?

सरहद की सलामती का कैसा तेरा अरमान होगा?

मैंने अपनी जिंदगी से कहा।

सरहद की सलामती का मन में एक जुनून है।

जो कुछ है तन में मेरे, वो मातृभूमि का खून है।

8

जी ले पल-पल इस कदर

जिंदगी है शार्ट यह जान इसे जी ले यार,
बिना टेंशन ग़म का जिंदगी का रस पी ले यार !

हो गया तो होने दे ब्रेकअप क्या चीज है?
तुम तो है जवां अभी ना दिल का तू मरीज है।

जी ले पल-पल इस कदर जो जिंदगी की चाह हो,
जिंदगी का तेरा अनुभव हर किसी की राह हो।

न सोचो तुम उस बात को जो जमाना कह रहा,

कश्मकश है जिंदगी और वो भी उसे सह रहा।

जिंदगी है शार्ट यह जान इसे जी ले यार,

जो चल गया उसे जाने दे, एक नई उम्मीद को आने दे।

देख अपनी साँसों को बैठ तनहाई में ठंडा पानी पीले यार।

जिंदगी है शॉर्ट समझ कर इसे जी ले यार,

जो चल गया उसे जाने दे,

तुम्हें क्यों रोना?

मन को न पछताने दे।

सजा कर नई ख्वाहिशें, जिंदगी का रस पी ले यार।

9

शहर-शहर फिरूं बेचैनी

शहर-शहर फिरूं बेचैनी,

बैठूं नदी के तीर रे।

न समझे मेरा मन कोई योगी,

न समझे कोई फकीर रे।

किस खोज में हूँ मैं,

यह पता नहीं है मुझे।

कहीं तलाश है कुछ ऐसी,

जो नहीं मिलती है मुझे।

नहीं मिलता है मुझे सुकून,

नहीं मिलता है मुझे प्यार।

जिंदगी है एक सफर,

जिसमें मैं हूँ खोया हुआ।

हर शहर में देखता हूँ,

एक ही चेहरा नया।

हर चेहरे में दिखता है,

एक ही दर्द पुराना।

नहीं मिलता है मुझे कोई,

जो समझ सके मेरी बात।

मैं हूँ अकेला इस दुनिया में,

जैसे कोई गुमराह। कब तक मैं भटकता रहूंगा?

यह पता नहीं है मुझे।

कब मिलेगा मुझे वह, जिसका मैं इंतजार करता हूँ।

10

"मैं खुद भी अपने द्वेष के आग में जला हूँ"

मैंने अपने द्वेष के लिए बहुत कुछ खोया है,
अपने परिवार को, अपने दोस्तों को, और अपने मन की शांति।

मैंने अपने द्वेष के लिए बहुत कुछ सीखा है,
कि यह एक ऐसा जहर है जो सब कुछ नष्ट कर देता है।
मैंने सीखा कि द्वेष में कोई सुख नहीं है,
और यह केवल दुख और पीड़ा देता है।

मैंने सीखा कि द्वेष से छुटकारा पाने का एक ही तरीका है,

और वह है प्रेम।

जब मैं दूसरों से प्रेम करूंगा,

तो मैं अपने द्वेष को अपने दिल से निकाल सकूंगा।

मैं जानता हूँ कि यह एक लंबा और कठिन रास्ता होगा,

लेकिन मैं इसके लिए तैयार हूँ।

मैं अपने द्वेष को प्रेम में बदलने के लिए पूरी तरह से तैयार हूँ,

और एक नया जीवन जीने के लिए तैयार हूँ।

मैं अपने द्वेष से हार नहीं मानूंगा,

मैं इसे दूर करने के लिए लगातार प्रयास करूंगा।

मैं अपने द्वेष को दूर करने के लिए अपना सर्वश्रेष्ठ प्रयास

करूंगा,

और मैं इसे दूर करने में सफल होऊंगा।

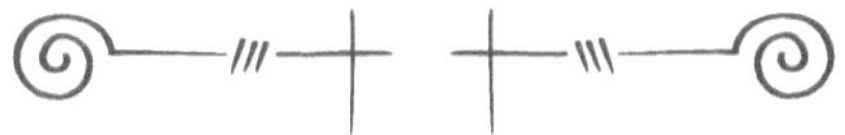

॥

"तोड़ के दिलवा तोहसे"

तोड़ के दिलवा तोहसे,
मनवा लगे न मोर रे।

उड़त-उड़त बन फिरूँ भवरिया,
दिखत न हमके छोर रे।

शहर-शहर मैं फिरूं बेचैनी,
बैठूं नदी के तीर रे।

न समझे मेरा मन कोई योगी,
न समझे कोई फकीर रे।

काहे मनवा समझ न आए?
अपना छोड़े सपना दिखा के,
अपन बात में हमारा अझुरा के।
हर पल बोलल मिठी बोलिया,
हमरा ईअद्दा आवे रे।

कोयल बोले मिठी बोलिआ,
टिहरा बिरह सुनावे रे।
तोड़ के दिलवा तोहसे,
मनवा रहे बेचैन रे।
बैठी नदी के तीर मैं,
आँख बरसावे रैन रे।

तोड़ के दिलवा तोहसे,

मनवा लगे न मोर रे।

बोले कोयल मीठी बोलिया,

भावत न हमके भोर रे।

12

ये पानी का बुलबुला

ये पानी का बुलबुला तुझे देख के मन मेरा खुला,

तेरे रंग-रूप से प्रकृति का सारा संसार चमका।

तेरा रूप देख के तन-मन हुआ खुशहाल,

जैसे कोई मधुर सपना सा सामने आ गया।

तेरे रंग-रूप से जैसे मेरा मन हुआ मुक्त,

सारे दुख-दर्द दूर हो गए।

तेरे रंग-रूप से जैसे मेरा जीवन हुआ सुंदर,

जैसे कोई नया जीवन मुझे मिला।

तेरे रंग-रूप से जैसे मेरा मन हुआ भरा,

जैसे कोई नई ऊर्जा मिली।

तेरे रंग-रूप से जैसे मेरा जीवन हुआ सफल,

जैसे कोई नई मंजिल मुझे मिली।

ओ बुलबुला, तुम प्रकृति का एक अनमोल उपहार हो,

तुम प्रकृति का एक सुंदर चेहरा हो।

तुम प्रकृति का एक खुशहाल कलाकार हो,

तुम प्रकृति का एक आनंददायक संगीतकार हो।

मैं हमेशा तुम्हारे प्रति कृतज्ञ रहूँगा,

और तुम्हारे प्रति अपना प्रेम प्रकट करता रहूँगा।

मैं हमेशा तुम्हारे रंग-रूप से जीवन जीना सीखता रहूँगा,

और तुम्हारे रंग-रूप से जीवन को सुंदर बनाता रहूँगा।

ओ बुलबुला, तुम मेरे जीवन का एक हिस्सा हो,

तुम मेरे मनोरंजन का एक साधन हो।

तुम मेरे दुख-दर्द को दूर करने का एक माध्यम हो,

तुम मेरे जीवन को सुंदर बनाने का एक साधन हो।

मैं हमेशा तुम्हारे रंग-रूप को देखता रहूँगा,

और तुम्हारे रंग-रूप से प्रेरणा लेता रहूँगा।

मैं हमेशा तुम्हारे रंग-रूप से जीवन जीना सीखता रहूँगा,

और तुम्हारे रंग-रूप से जीवन को सुंदर बनाता रहूँगा।

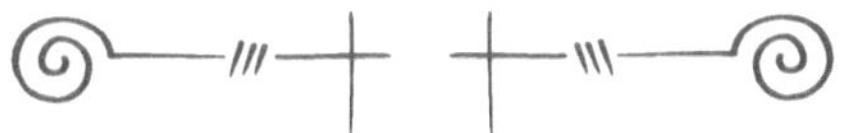

13

हाँ मैं लिखता हूँ...

हाँ मैं लिखता हूँ, व्यक्त के साथ होता हूँ

तब वर्तमान में रहना सीखता हूँ।

मेरे शब्दों में उतरती है

जीवन की हर इक भावना।

जिंदगी के हर उतार-चढ़ाव

मेरे शब्दों में मिलते हैं समाधान।

मैं लिखता हूँ तो मेरा मन

शांत और स्थिर हो जाता है

मुझे लगता है जैसे मैं

एक अलग ही दुनिया में आ गया हूँ

जहाँ समय नहीं होता है

और केवल भावनाएँ ही होती हैं

मैं लिखता हूँ तो मैं

अपने आप को बेहतर समझने लगता हूँ

मुझे अपनी कमजोरियों और ताकतों का पता चलता है

मैं अपने जीवन के उद्देश्य को समझने लगता हूँ

मैं लिखता हूँ तो मैं

दुनिया को बेहतर समझने लगता हूँ

मुझे लोगों की पीड़ा और खुशियों का पता चलता है

मैं दुनिया की समस्याओं का हल समझने लगता हूँ

हाँ मैं लिखता हूँ

और मैं हमेशा लिखता रहूँगा

क्योंकि लिखना मेरा जुनून है

लिखना मेरा जीवन है, जीवन से मैं सीखता हूँ।

हाँ मैं लिखता हूँ...।

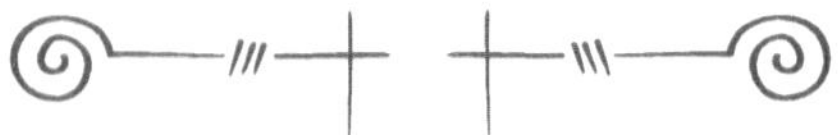

१५

हम तो गुंजाइश रखते हैं

हम तो गुंजाइश रखते हैं, लहरों में भी समंदर पार करने की।

जब तक छूलें न आसमान, तब तक इंतेजार करने की।

हम तो उम्मीद रखते हैं, धुंध में भी सूरज के दर्शन करने की।

हम तो विश्वास रखते हैं, अंधकार में भी प्रकाश के आ
जाने की।

हम तो गुंजाइश रखते हैं, महफ़िल में छा जाने की।

हम तो सपने देखते हैं, ऊंचे उड़ान भरने की।

हम तो गुंजाइश रखते हैं, कुछ कर गुजरने की।

हम तो कोशिश करते हैं, नई ऊंचाइयों को छूने की।

हम तो जीना चाहते हैं, अपने तरीके से।

हम तो गुंजाइश रखते हैं, दुनिया को बदलने की।

हम तो चाह रखते हैं, गुमनाम रास्तों पर चलने की।

हम तो उम्मीद रखते हैं, एक बेहतर कल के लिए।

हम तो गुंजाइश रखते हैं, खुशियों के पल-पल की।

हम तो विश्वास रखते हैं, कि हममें कुछ भी कर गुजरने की
शक्ति है।

15

ख्वाबों में बहुत जी लिया मैं तुझे

ख्वाबों में बहुत जी लिया मैं तुझे,

अब जिंदगी में शामिल करने की चाहत है मेरी।

तेरी चाहत ने जीना सिखाया मुझे,

अब मरने की चाहत नहीं है मेरी।

शुक्रिया है उस पल का,

जब निगाहों ने तुम्हें देखा।

परेशान था मन तुझे देखूँ पल-पल,

अब तसल्ली है दिल को और राहत है मेरी।

ख्वाबों में बहुत... जी लिया मैं तुझे

फिसल रहा पल-पल है,

थम गई है सब यादें।

जो निगाहों ने समझा,

कुछ शोखियाँ कुछ वादे।

ख्वाबों में बहुत जी लिया मैं तुझे...

16

यारों से...

बिखरी पड़ी है जिंदगी,

आसान बना लो यारों से।

नदियों से तुम सीख लो चलना,

चमकना सीख लो तारों से।

कश्मकश है जिंदगी,

आसान बना लो जीना,

जिंदगी है बिंदास सफर,

क्यों गम का आँसू पिया?

पल-पल अपना बीत रहा है, न जिओ सिर्फ तुम सपनों में,

खुशियां देख कर खुश हो जाओ,

जीना सीख लो अपनों में।

जो दे खुशियां अपने हैं वो,

वो भी गम को बांटेंगे।

संग तेरे वो साथ चलेंगे, संग ही जीवन काटेंगे।

बचपन में हम साथ-साथ थे,

बिंदास बचपन की यारी थी।

न कोई गम था न चिंता थी न जीवन की कोई तैयारी थी।

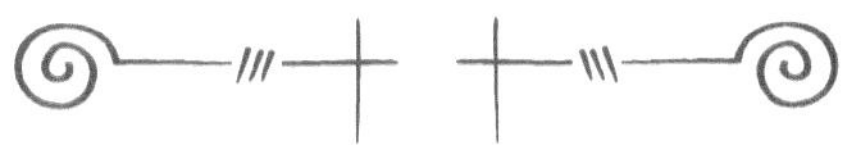

17

गरम रेत में रास्ता...

बैग नहीं था स्कूल पढ़े हम,

डाल कर बस्ता बोरा में।

बिन तोसक रजाई के सोएं,

चैन के नींद हम पूरा में।

नंगे पाओं गरम रेत में रास्ता हमें बनाना था,

काटी पतंग की डोर को पकड़ूँ उसके पीछे दीवाना था।

कोयल की आवाज जब सुनता,

बसंत ऋतु के आने पर।

कमर यूं ही थिरक सा जाता,

सुगम संगीत के गाने पर।

जी लूँ करके याद कुछ पल,

साँझ की ढुल सी गलिओं में।

खुशियाँ देख कर खुश हो जाऊँ,

रहने दूँ फूल को कलिओं में।

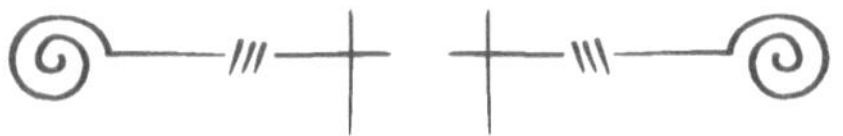

18

पापा मैं अनजान हूँ इस दुनिया से

पापा मैं अनजान हूँ इस दुनिया से
मुझे संवारना सिखा देना।

मम्मी मेरी रौशनी हो तुम,
मुझे सच्चा प्यार करना सिखा देना।

मेरी नादानियों को मुझे
पहचान करना सिखा देना।

पापा मैं अनजान हूँ इस नई दुनिया से,
मुझे आसमानों में उड़ान भरना सिखा देना।

मम्मी मुझसे नादानियाँ अगर हो जाये,
तो मुहब्बत का सच्चा मतलब बता देना।

पापा मैं अनजान हूँ इस दुनिया से
मुझे संवारना सिखा देना।

मैं देख रही हूँ इस दुनिया को,
तो आपकी मुहब्बत की वजह से।
हर मोड़ पर मुझे जीने की वजह बता देना
पापा मैं अनजान हूँ इस दुनिया से,
मुझे आसमान में उड़ान भरना सीखा देना।

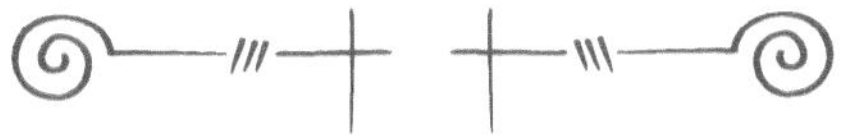

19

गुजर गई शाम गुजर जाने दो!

गुजर गई शाम गुजर जाने दो।
कल की सुबह को शौक से आने दो।

सूरज बिखरेगी रोशनी
नई सुबह निकल आएगी।

मुक्त गगन में परिंदों को,
चिहकने और गुनगुनाने दो।
गाने दो तराने उसे, आजाद गगन को चूमने दो।
मातृभूमि की कल कल नदियां,

समृद्धि की फसल को झूमने दो।

नई सुबह के साथ नए अवसर आने दो,

उन अवसरों को अपने हाथों से मत जाने दो।

नई सुबह का स्वागत करो, नए कल का निर्माण के लिए,

खुद को समझो, सजा लो हर अरमान सम्मान के लिए।

20

तमन्ना कम नहीं रखता

जो नहीं है मेरे पास उसके ना होने का गम नहीं रखता।

जो है अभी हमारे पास उसके साथ रहकर जिंदगी जीने की
तमन्ना कम नहीं रखता।

अगर हो कोई पैमाना जिंदगी की खुशियाँ नापने का,

तो पल-पल की खुशियों को नाप कर एक दस्तावेज बना लूं।

मैं जानना सीख रहा हूँ कि खुद को जानना कितना मुश्किल है?

जिंदगी जीते हुए खुद को पहचानना कितना मुश्किल है?

हर पल हमारा शौक बदलता है,

पल-पल हमारी चाहत बदली है

जिंदगी में जिस पल को आने का हमें बेसब्री इंतजार है,

उस पल की हालत बदलती है।

न जाने कितने कोशिशें की हमने खुद को सँवारने की,

बादलों से घिरे चाँदनी रात में चाँद को निहारने की।

एक हवा का झोंका जो कुछ पल पहले अनजान था,

हो कर साथ उसका मैंने पाया अब वो मेरा मेहमान था।

जो नहीं है मेरे पास उसके ना होने का गम नहीं रखता।

सन्नाटा है चारों तरफ रहने दो,

गुमनाम शहर में भी जीने की चाहत कम नहीं रखता।

21

अक्सर

अक्सर हमारा मन हमें हमसे दूर करता है।

अभी हम हैं वर्तमान में,

हमारा मन अक्सर यादों के सहारे हमें

बीते हुए पल में जाने को मजबूर करता है।

अक्सर वो पल हमें रुलाता है,

और अक्सर हमारे आँसू हथेली को रो कर भिगाता है।

आज हम खड़े हैं जिंदगी के महफिल में,

अक्सर वो पल हमे जन्नत दिखलाता है।

आज हम अक्सर उस पल को याद करते हैं,

जिस पल में हमने एक सपना सजाया था।

ख्वाहिश है उस पल को जीने की कुछ पल के लिए,

अगर कोई ला सके उस पल को तो लाने का

फ़रियाद करता हूँ।

अक्सर हम सोचते हैं की जिंदगी को अच्छे से जीना है

और यही सोचकर अक्सर हम जीते हैं।

चाहे कितना भी हो गुण नीम के पत्ते में,

बस कड़वा है उसका रस इसलिए हम उसे नहीं पीते हैं।

22

हम यूं ही अपने मन को...

जिंदगी संघर्षों की एक पहेली है,

किसी का दोस्त तो किसी की सहेली है।

हम यूं ही अपने मन को संघर्षों में जलाते हैं,

क्यों होकर अपनों से ही दूर

उनकी परछाई से दुश्मनी निभाते हैं?

जिंदगी संघर्षों की एक पहेली है,

किसी का दोस्त तो किसी की सहेली है...

हमारा मन अक्सर ऐसा सोचता है

कि वो क्यों हमसे बड़ा है?

पर हम ये नहीं सोचते कि संघर्ष ही उसकी जिंदगी बनी,

तभी वो इस मुकाम पर खड़ा है।

बीते हुए कल और हर लम्हों की कहानी है जिंदगी,

डूबता हुआ सूरज, जलता हुआ आग और जैसे बहता हुआ नदी का पानी

है जिंदगी।

गुजरे हुए पल-पल और लम्हों की किताब है जिंदगी,

जिसने वक्त को जीत लिया,

वो कहता है बहुत सुहानी खिताब है जिंदगी।

जिंदगी संघर्षों की एक पहेली है...

23

आज भी याद है हमें वो बात...

लोग कहते हैं पहले से आप गये हैं,

अपनी पुरानी सोच से कोसों दूर चल गये हैं।

डर लगता है कहीं आप हमें भूल न जायें,

महसूस करता हूँ,

आप किए हुए अपने वादों से फिसल गये हैं।

आज भी याद है हमें वो बात जिसने हमें सपने दिखाया,

गहरी नींद में थे सोये हम आपकी सोच की आहट ने हमें झट से जगाया।

शायद वक्त की दौड़ ने आपको जीत दिला दिया है,

अब मुड़कर भी देखने की जरूरत नहीं करते हैं आप

हमारे आँखों में आँसू सूख गए फिर भी हमें रुला दिया है।

हमने अपने मन के तरंगों को आपके साथ जोड़ दिया

समन्दर की लहरें तो अपना छाप किनारों पर रख जाता है

पर आपने तो हमें बीच समंदर में छोड़ दिया।

अब तो दूर से भी आप अपने नजरों को पास आने से मना कर
देते हैं,

बेहतर होता सीख जाते प्यार निभाना गुलाबों से

जो दूसरों के लिए खुद को फ़ना कर देते हैं।

हमें तो दोस्ती पता था, पर प्यार तो आपने सिखाया,

जिंदगी की आशा और नई उम्मीद तो आपने जगाया।

लोग कहते हैं पहले से आप बदल गये हैं...

२४

तितली दिल की

कहाँ नहीं ढूँढा मैं तुझको,

दिन सगर सुबह शाम।

दुनिया कहे कि हूँ मैं बावला,

जपूँ मैं तेरा नाम।

मैं हूँ दिल की तितली तेरी,

मन की डाल पर फिरती रहूँ।

बन जाऊँ सावन की बूँदें,

टिपक टिपक कर गिरती रहूँ।

किरणों जैसा चमकता चेहरा,

आँखें तेरी तरंग हैं।

घुल जाऊँ जीवन में तेरे,

तू जीवन का रंग है।

तेरी चाहत ने मुझे ऐसे घेरा,

जैसे चमकता टीम टीम तारा।

ओझल होता जब नजरों से

दिखता चेहरा बस तुम्हारा।

कहाँ नहीं ढूँढा मैं तुझको...

25

सप्त रंग जीवन...

सावन में बादल से किरणें,

जब देखो टकराती हैं

काले बादल में भी देखो,

सप्त रंग बन जाते हैं।

जीवन में भी काले बादल हर पल देखो आते हैं,

झोंके हवा के हल्के से भी दूर उसे ले जाते हैं।

काले बादल बूँदें बनकर जब देखो बरसाती हैं,

धूल की प्यास बुझा कर मिट्टी अजब सी खुशबू लाती है।

अपनी जिंदगी सप्त रंगी,

पल-पल रंग बदलती है।

सुबह सुनहरी सूरज की किरणें,

हर पल शाम भी ढलती है।

सावन में बादल से किरणें जब देखो टकराती हैं,

काले बादल में भी देखो सप्त रंग बन जाते हैं।

26

नजरे मिलाया उससे हमने...

मनवा है बेचैन मनवा तनिक न लागे,

सब कुछ है पास पास मनवा दूर दूर तक भागे।

नजरे मिलाया उससे हमने चाहत थी जिसको पाने की,

फिक्र किया न हमने समझा जालिम दुश्मन जमाने की।

कब मिलेंगे उससे हमरा मनवा था बेचैन,

बिन बादल के बरस रहे थे आँखों से मेरे रैन।

चलती जब वो खोलकर जुलफ़े, हवा भी न रुक पाता,

देख कर उसकी सोख अदाएं, सबनम भी खिल जाता।

समझ न आये मनवा को हम,

कैसे उसे मनाए?

दोस्त आयाप तो मेरे अपने हैं,
कोई रास्ता हमें दिखाएं।

मनवा है बेचैन मनवा तनिक न लागे,
सब कुछ है पास पास मनवा दूर दूर तक भागे।
सोबत अँखिया, जागत मनवा, निंदिया तनिक न आवे।
ओकर याद में बितल रतिया भोरवा टिहरा गावे।

27

यार उसने यार कह दिया...

यार उसने यार कह दिया,

कुछ पल की दोस्ती में, है तुमसे प्यार कह दिया।

यार उसने यार कह दिया।

उसकी चेहरे की रौनक से इजहार हो गया,

शायद उसे किसी से पहला प्यार हो गया।

मायूस मुस्कान बताती है उसकी,

हँसकर तुम हो बड़ा दिलदार कह दिया।

यार उसने यार कह दिया…

यारी की लफ्ज में तुम हो दिल के तार कह दिया,

पलकें झपका के चलो चाँद के पार कह दिया।

मैं सरगम हूँ संगीत का, तुम हो प्यार का तार कह दिया,

मैं स्विच हूँ तेरे दिल का, तुम हो प्यार का तार कह दिया।

मैं चमक हूँ तेरे आँखों की, तुम हो मेरा श्रृंगार कह दिया,

मैं सावन की बारिश हूँ, तुम हो नदी की धारा कह दिया।

मैं तेरे साँसों की धड़कन हूँ, तुम हो मेरी जान कह दिया,

मैं छाव हूँ जीवन की, तुम हो दिल के मेहमान कह दिया।

यार उसने यार कह दिया, देखते ही देखते है तुमसे प्यार
कह दिया...

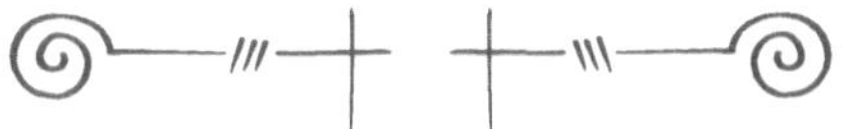

28

मुश्किल...

मुश्किल को साथी बना लो,

जिंदगी जीना आसान हो जाएगा।

मुश्किल को मुमकिन बना लो,

मुश्किल खुद परेशान हो जाएगा।

मुश्किल तो मुश्किल है,

वो हर पल हमें आजमाती है।

तुम भी आजमा लो मुश्किल को, वो तो हमें जीने की दर्पण
दिखाती है।

जिंदगी बिना मुश्किलों के साथ जीना नहीं है,

और इसे मीठा जहर बना कर पीना भी नहीं है।

ये तो आपकी परछाई के जैसा साथ साथ चलता रहेगा।

फिक्र न करें जिंदगी का काम तो चलते रहना है,

मुश्किल तो अपना स्वभाव बदलता रहेगा।

कोई मुश्किल जब तुम्हें मुश्किल में डाले,

उसे कहो मैं तैयार हूँ, तुम मुझे आजमा ले।

जिंदगी भी तो एक मुश्किल है, तो क्या इसे जीना छोड़ देंगें?

अगर मन में हो जिद तो मुश्किल तुम्हें हिला नहीं सकती,

तुम तो तूफान का रास्ता भी मोड़ दोगे।

29

कितने मतलबी हैं हम?

कितने मतलबी हैं हम जो जिंदगी को जीए जा रहे हैं?

वो खुश क्यों है?

उसकी खुशियों के गम में

हम नफ़रतों की आँसू पीए जा रहे हैं।

कितने मतलबी हैं हम जो जिंदगी को जीए जा रहे हैं?

जिंदगी हम से हर पल पूछ रही है,

कि बता मेरे लिए तुम्हारे पास कोई परिभाषा है?

क्या सच में तुम मुझे जीना चाहते हो?

इसकी कोई उम्मीद या आशा है?

हर पल ये सोचकर गुजरता है,

कि वो पल आएगा जब हम जिंदगी की खुशियाँ मनाएंगे।

हमें लगता है यह पल गुजर जाएगा उस पल की चाहत में,

और उस वक्त इस पल को याद कर तनहाई में आँसू बहायेंगे।

क्यों न जियें जिंदगी को इस कदर

कि जिंदगी खुद कहे कि यही चाहत थी तुमसे हमारी।

एक मजबूत रिश्ता जिसे हम कहते हैं मैत्री,

मन की चाहत से मैत्री परायों को भी अपना बना देता है।

और यही वो मजबूत रिश्ता है,

जो जिंदगी को जीना सिखा देता है।

जिंदगी फिर हमसे कहती है,

कि तुम खुद को खुश नहीं रखते,

और दूसरों की खुशियों पर जलते हो।

जिंदगी हूँ मैं, तुम्हारे पास भी खुश रहना चाहती हूँ।

पर क्या करूँ? तुम बार बार अपने इरादे बदलते हो।

आज को भूलकर तुम सोचते हो कि जिंदगी तो कल में है।

समझ गए समझ कर, तो समझ जाएंगे

कि जिंदगी तो पल-पल में है।

30

जो उम्मीदों के सहारे।

जो उम्मीदों के सहारे जीते हैं,

उन्हें मैं लॉटरी की दुकान में देखा हूँ।

उम्र गुजर गई अभी भी उम्मीद बाकी है,

वैसे लोगों को मैं अपने बाजू वाले मकान में देखा हूँ।

बुलंदियों को छू लेने का जज़्बा होता है

जिनके दिलों जिगर में,

उठते हुए कब्र से उन्हें मैं कब्रिस्तान में देखा हूँ।

वक्त की मार उनके उम्मीदों के पंख कतर दिए,

हौसला अभी बाकी था,

धैर्य से फिर उड़ान भर दिए।

संघर्षों में जीना सीख लेते हैं वो,

फिर भी संघर्ष करना छोड़ नहीं देते।

उम्मीद है उनके जिंदगी में दो पल

खुशियों के जरूर आएंगे,

भले ही आँखों से आँसुओं की बूँद टपकती रहे

फिर भी वो उम्मीद के बांध तोड़ नहीं देते।

जो उम्मीदों के सहारे जीते हैं

उन्हें मैं लॉटरी की दुकान में देखा हूँ।

जिंदगी में उजालों के उम्मीद के साथ रहते हुआ उन्हें

मैं चाल के किराए वाले मकान में देखा हूँ।

31

बचपन की यादें।

बचपन की याद आज हमें आती है,

यादें वो बचपन की हमें रुलाती है।

पापा का डांट, मम्मी का प्यार, दादी की लोरी

हमें सताती हैं,

यादें वो बचपन की आज हमें आती है।

सगे संबंधी हमारे घर आते थे,

लड्डू और पेड़ा की डिबिया भी लाते थे।

बचपन की याद आज हमें आती है,

यादें वो बचपन की हमें रुलाती है।

गुड्डू और गुड़िया की रोचक कहानी था,

मस्ती भरा बचपन जैसे बहता हुआ पानी था।

नाजुक सा दिल में बचपन का प्यार था,

कुम कुम थी, सुमन थी कोमल भी यार था।

बचपन का प्यार हमें आज याद आती है,

यादें वो बचपन की हमें रुलाती है।

आज हम उस बचपन को याद करते हैं,

जी लूँ कुछ पल बचपन की हम फ़रियाद करते हैं।

32

हार कर भी जीत होगी।

हार कर भी जीत होगी उस हार को ले जान तुम,

पल-पल जीवन घड़ी को आज ले पहचान तुम।

हर सुबह की रौशनी में झांक कर तुम देख लो,

वक्त की दहलीज पर तुम मन को अपने सेंक लो।

हार कर भी धैर्य से तुम छू लो आसमान को,

खुद को पहचान कर तुम सजालो हर अरमान को।

कर उजाला खुद के मन में,ज्ञान की प्रकाश से,

शील प्रज्ञा और करुणा मैत्री की विकास से।

हार कर भी जीत होगी उस हार को ले जान तुम,

पल-पल जीवन घड़ी को आज ले पहचान तुम।

चल सको तो चल पड़ो तुम राह की मत फिक्र कर,

बीत गए जो लम्हें कल तक, उन लम्हों को मत जिक्र कर।

चल रहे हैं हम सभी जीवन घड़ी की रह पर,

मिल रही है ठोकरें डगर डगर और राह पर।

कब बनोगे रौशनी सूरज के जैसा जल कर?

बदल दो अब खुद को तुम, खुद की जिद पर चलकर।

हार कर भी जीत होगी उस हार को ले जान तुम...

33

कवि के शब्दों में।

एक कवि अपनी कविता को शब्दों से सजाता है,

परवाह करता नहीं अपने गमों को,

और दूसरों के जीवन में नया उम्मीद जगाता है।

हमें लगता है कवि अपने शब्दों में

औरों के जिंदगी का अहसास छुपा रखा है,

कल्पनाओं में जाकर, कभी हमारे मन में समा कर,

बीते हुए पल और आने वाले कल को बताने का प्रयास छुपा
रखा है।

कवि के शब्दों में हर किसी के जिंदगी का राज़ छुपा,

नई संगीत जिंदगी का, नया स्वर और नया साज छुपा होता है।

एक कवि अपनी कविता को शब्दों से सजाता है,

कुछ सीखता है सूखे पौधों से,

और उजड़े चमन में फूल खिलाता है।

जब कोई कविता किसी के जिंदगी जीने का सहारा बन जाता है,

उस वक्त कवि के शब्द उसके आँखों की रौशनी

और अँधेरों में चमकता हुआ सितारा बन जाता है।

एक कवि अपनी कविता को विचारों से सजाता है,

सोये हुए मन को झकझोर कर, जिंदगी जीने का उत्साह जगाता है।

३५

बिंदास बचपन।

सोया था माँ की बाहों में,
सुनकर रातों में लोरियाँ।
पीकर मस्त मुस्कान भरा था,
दूध भर कर कटोरियाँ।
माँ की बाहें जन्नत जैसी,
पिता की अंगुली डोर था।
मस्त मगन मन पतंग के जैसा,
प्यारा सा छिछला छोर था।
बचपन बीता चूरन चाटकर,
जी ललचायी खटाई।

दोस्त यार सब बिछड़ गए,

खाली रह गयी चटाई।

खेतों की मेड़ों पर चलकर,

सपनों का राह बनाया था,

खरिहानों में गोटी खेलकर,

क्यारी में धूम मचाया था।

काश वो बचपन वापस आता !

चाँद निहारता रातों में।

बचपन वाली चंदा के संग,

खोया रहता बातों में।

सोया था माँ की बाहों में,

सुनकर रातों में लोरियाँ।

पीकर मस्त मुस्कान भरा था,

दूध भर कर कटोरियाँ।

35

गाँव शहर।

आज मैं शहर और गाँव कुछ बातें बताऊँगा,

तस्वीर दोनों जगहों की, कुछ शब्दों में दिखाऊँगा।

गाँव में हम पड़ोस से भी खाना मांग कर खा लेते हैं,

घर में दाल सब्जी न हो तो क्या?

हम माड़ भात से काम चला लेते हैं।

शहरों की बात बहुत निराली है,

यहाँ मिलता सौ रुपये का पीज़ा

और सौ के ऊपर साधारण थाली है।

मुंबई जाओ या पूना,

लोग हैं बड़े हर चीज है नमूना।

यहाँ वड़ा के साथ पाओ भी जरूरी है,

टेस्ट इतना अच्छा है कि इसे खाना मजबूरी है।

आज मैं शहर और गाँव कुछ बातें बताऊँगा...।

गाँव में जब काम के लिए हम भूखे पेट निकलते हैं तब पत्नी
कहती है...

अभी जाइए नहीं दो चार रोटी बना देते हैं,

पड़ोस के घर गाय लगता है,

दूध या दही मांग कर ला देते हैं।

गाँव में हमारा ऑफिस खेत होता है,

जाते हैं नंगे पाँव रास्ता भी हमारा गरम रेत होता है।

36

सच कहूँ तो! (व्यंग कविता)

दो स्कूल के दोस्त बहुत सालों बाद मिलते हैं, आपस में बात करते हुए एक दोस्त दूसरे दोस्त के साथ कुछ बातें शेयर करते हुए कहता है...

यार पहले वाली अच्छी थी उसे खोना नहीं चाहता था।

उससे ब्रेकअप होने के बाद अब मैं अपनी जिंदगी से टूट गया हूँ।

अभी वाली उससे भी अच्छी है,

इससे दोस्ती करूँ यह सोच कर इसके पीछे भटक रहा हूँ।

दो साल पहले बीटेक फाइनल हुआ था,

जॉब की तलाश में अभी तक पेंडुलम की तरह लटक रहा हूँ।

सच कहूँ तो मैं बाप की उम्मीदों पर खरा उतर नहीं सका।

माँ की चाहत थी रिश्तेदारों में अपना नाम कायम करूँ,

दुख है कि उसके सपनों को पूरा कर न सका।

यार पहले वाली अच्छी थी उसे खोना नहीं चाहता था।

उससे ब्रेकअप होने के बाद अब मैं अपनी जिंदगी से टूट गया हूँ।

बाप की कमाई को पढ़ाई से जोड़,

बीटेक से बेवफ़ाई कर अब मैं लुट गया हूँ।

यार कोई रास्ता हो तो मुझे दिखाओ,

कोई मंजिल हो तो मुझे बताओ।

कोशिश करूंगा अब जिंदगी को सँवार लूँ,

जो लिखे हैं अलफाज इस किताब के पन्नों में

अब चाहत यही होगी हमारी

कि खुद को समझूँ और इसे मन में उतार लूँ।

37

रिश्तों की सफर में।

क्या हम अकेले हैं या हमारा किसी से रिश्ता है?

जिंदगी के सफर में कुछ अजनबी से रिश्ते बन जाते हैं,

जिंदगी में वो आयाम आएगा जिंदगी का

यही सोच कर जिंदगी के वक्त निकल जाते हैं।

रिश्तों की सफर में हम यूं ही साथ साथ चल रहे थे।

कभी समतल पर कभी ढलान पर

तो कभी बिना बारिश के हमारे पाँव फिसल रहे थे।

अभी अभी शुरू हुई रिश्तों की सफर

यह सोच कर कि अब जिंदगी का सफर कट जाएगा।

शायद वक्त को नागवार लगा यह रिश्ता,

और हमने भी यह नहीं सोच था

कि क्या यह रिश्ता यहीं पर आकर सिमट जाएगा।

हमने उनसे कहा…

किसी भी रिश्ते को तोड़ने से पहले

एक बार अपने आप से पूछ जरूर लेना कि आज आज उस
रिश्ते को निभाते क्यों या रहे थे?

आपकी खामोशी देख हमारा मन ऐसा पूछता है की बताइए,

आप यह रिश्ता तोड़ गम की छाँव में बैठे आँसू बहा क्यों
रहे थे?

क्या सच में यह आँसू है कोई रिश्तों की?

या हम यह समझें की यह दुआ है बेज़ुबान फरिश्तों की।

हम क्यों न पूछे खुद से

कि हम क्यों हो गए बेगाने अपनों से?

शायद हमनें यह सोच लिया कि जिंदगी का सफर कट जाएगा

जोड़कर रिश्ता पुराने सपनों से।

क्या हम अकेले हैं या हमारा किसी से रिश्ता है?

38

माँ की यादों में।

जब पुरानी यादें पास होता है,
सच में उस वक्त मन बहुत उदास होता है।

हम अपनी माँ की यादों में खो जाते है,
और बचपन की लोरी याद कर खुली आँखों से रो जाते हैं।

माँ सपने देखा करती थी और कहती थी,
मेरा बेटा बड़ा होगा और खुद के पैरों पर खड़ा होगा।
सच में नम हो जाती है आँखें बचपन की उन यादों से,
माँ की ममता पिता का प्यार सोखियाँ और वादों से।

जब पुरानी यादें पास होता है,

सच में उस वक्त मन बहुत उदास होता है।

हम अपनी माँ के याद में खो जाते हैं,

माँ को याद करते हुए सपनों में सो जाते हैं।

जब पुरानी यादें पास होता है,

सच में उस वक्त मन बहुत उदास होता है।

39

काम का सपना लेकर निकले।

बाबू जी से झगड़ा कर के चढ़ गए हम ट्रेन।

गुस्सा में हम इतना थे कि काम किया न ब्रेन।

पढ़ लिखकर हम जूझ रहे थे बेरोजगारी के खेल से।

काम का सपना लेकर निकले हावड़ा मुंबई मेल से।

पहुँच गए हम मुंबई आऊ देखा न ताऊ।

भूखे पेट खाया हमने चटनी वड़ा और पाव।

पैसा नहीं था हम हो गए पूरी तरह कंगाल।

सोचा छोड़ कर मुंबई चला जाऊँ बंगाल।

घूम कर जुहू दादर, चले आए हम वी टी।
ट्रेन खड़ी थी मुंबई मेल, बज रही थी सिटी।

मुंबई घूमा हावड़ा देखा, ट्रेन चढ़ा कंगाली में।
बिन पैसा के भर दम खाया, गाली सुना बंगाली में।

घूम फिर कर घर लौट गए, बिन पैसा के देश।
देख कर हमरा बाबू जी का, खिल गया था फेस।

बाबू जी से झगड़ा कर के चढ़ गए हम ट्रेन।
गुस्सा में हम इतना थे कि काम किया न ब्रेन।

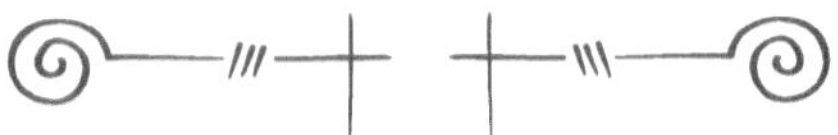

४०

अगर हम न रहें।

अगर हम ना रहें तो दुनिया में क्या होगा?

क्या सब कुछ ठीक रहेगा, या सब कुछ बिगड़ जाएगा?

क्या लोग हमें याद करेंगे, या हमें भूल जाएंगे?

अगर हम न रहें तो सूर्य नहीं चमकेगा,

चंद्रमा नहीं निकलेगा, और फूल नहीं खिलेंगे।

पृथ्वी एक सूना और उदास स्थान बन जाएगी।

अगर हम ना रहें तो बच्चे नहीं हंसेंगे,

और लोग नहीं रोएंगे।

दुनिया एक खामोशी भरी जगह बन जाएगी।

लेकिन अगर हम ना रहें, तो यह भी संभव है कि
सब कुछ ठीक रहेगा।
शायद लोग बिना हमारे भी खुश रह पाएंगे।
शायद वे एक नए तरीके से जीवन जीना सीख जाएंगे।

अंत में, यह पता लगाना केवल समय ही बता सकता है कि
अगर हम ना रहें तो दुनिया में क्या होगा।

इस लिए हम सोचें...
कि जैसे भी परिस्थिति रहे, हमें जीना है जी भर के।
न सोचें हमारे बाद क्या होगा?
चमकना है तारों जैसा हमें ही कुछ कर के।

41

ट्रैक मैन।

नौकरी का सपना था,

जिम्मेवारी परिवार की थी,

कुछ शौक अपना था।

चाहत मजबूत थी, रेलवे में नौकरी पा कर रहूँगा।

मुश्किलों को मन ही मन बार-बार कह रहा था,

एक दिन मैं तुम्हें दिखला कर रहूँगा।

जब नौकरी मिली, ट्रैक मैन का पद था।

इस पूरे सिस्टम में सबसे छोटा अपना कद था।

जॉइनिंग का पत्र देते हुए दफ्तर की खिड़की के अंदर से मैडम
बोली,

जाओ जिंदगी की ऐश करो।

नौकरी होने की मन में इतनी खुशियाँ थी

कि मन ही मन मैडम से कह रहा था,

हाँ मैडम अब जिंदगी की ऐश करूंगा।

जो किया था मेहनत रातों में जाग जाग कर,

अब उसको मैं कैश करूंगा।

जॉइनिंग लेटर लेकर निकल पड़े

उस मंजिल पर जहां से जिंदगी का नया

शुरुआत होने वाला था।

मन में उमंग था खुशियों का तरंग था,

कुछ अरमान थे मन में,

नए सपनों का बीज बोने वाला था।

लंबी ट्रेन की सफर में कुछ अजनबी दोस्त बन गए,

उनके अपने अरमान थे, उनकी अपनी कहानी थी।

मन में उत्साह बहुत था, उनकी अपनी जिंदगानी थी।

ड्यूटी का पहला दिन बरसात का महीना था,

हाँथ में बूटी, साथ में पंजा था।

जो मेरा मेट था, कद में छोटा और थोड़ा गंजा था।

ब्रिज का अप्रोच में पैकिंग का काम था।

पसीना से तर बदन ऊपर से घाम था।

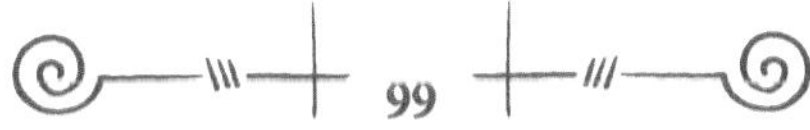

काम के बाद शरीर में थकान था,
हाथ में छाले पड़े थे मन में अरमान था।

हमारे दोस्त कहा करते थे,
नौकरी मिलने के बाद जिंदगी ट्रैक पर जाती है।
सच में हम ट्रैक पर ही आ गए।

पूष की रात थी, राली का गश्त था।
मौसम था कोहरा, ठंड जबरदस्त था।

हाँथ में टॉर्च था, आँखों में नींद थी।
गोलाई में लाईन था, सिग्नल भी ग्रीन थी।

पाँव चलता जा रहा था,
घर की यादें मन को सता रही थी।
मेरा दोस्त धक्का देकर ट्रैक से मुझे बाहर किया,
क्योंकि आगे से ट्रेन रफ्तार में आ रही थी।

उस दिन रात्री गश्त पर मुझे समझ में आया...
वो मजहबी नहीं वह एक मित्र जरूर था,
जिसने मुझे धक्का देकर जिंदा रखा वो अलीनूर था।

जिनकी यादों में
रात्री गश्त में हम ट्रैक पर चल रहे थे।
उनकी जिंदगी कहीं और अच्छे से चल रही थी।

सुरक्षित रहे स्वर्ण रेखा राष्ट्र की ,
यही चाहत होती है हमारी रात्रि गश्ती में |

कड़ाके की ठंड, अँधेरी रात, जंगल और गुफाओं से होकर
गुजरते हैं हम,
हालत होते हैं हमारे वैसे, जैसे होती हैं तूफान से टकरा रही
कसती में |

४२

"अगर हारना आपको सताता है"

अगर हारना आपको सताता है,

बार-बार आपको गुस्सा दिलाता है!

जीतना सीख लो उन पंछियों से

जो तिनका तिनका चुन कर अपना,

आशियाना बनाता है!

बिखर जाता है आशियाना उसका,

आँधियों में फ़िर भी,

चिहकता और गुनगुनाता है!

हम तो घिरे हैं हसीन सपनों से,

बाहर दोस्तों से घर में अपनों से!

फ़िर भी हार कर मायूस हो जाते हैं,

उम्मीद है जीत की फिर भी, हम रो क्यों जाते हैं?

अगर हारना आपको सताता है,

बार-बार आपको गुस्सा दिलाता है...!

9 798892 772020